De

Para

Com votos de paz.

/   /

Ilustrações Hu Produções
Luis Hu Rivas e Martin Espinoza

Meus amigos Divaldo e Nilson

SALVADOR
1. ed. – 2017

©(2017) Centro Espírita Caminho da Redenção – Salvador, BA.
1. ed. – 2017
5.000 exemplares

Revisão: Lívia Maria Costa Sousa e Adriano Mota Ferreira
Ilustração: Luis Hu Rivas e Martin Espinoza
Capa: Luis Hu Rivas
Coordenação editorial: Lívia Maria Costa Sousa
Produção gráfica:

LIVRARIA ESPÍRITA ALVORADA EDITORA
Telefone: (71) 3409-8312/13 – Salvador – BA
Homepage: <www.mansaodocaminho.com.br>
E-mail: <leal@mansaodocaminho.com.br>

Dados Internacionais de Catalogação na Publicação (CIP)
(Catalogação na fonte)
BIBLIOTECA JOANNA DE ÂNGELIS

R618	RIVAS, Luis. *Meus amigos Divaldo e Nilson*. 1. ed. / Por Luis Hu Rivas, ilustração por Hu Produções. Salvador: LEAL, 2017. 28 p. ISBN: 978-85-8266-181-9 1. Literatura infantojuvenil 2. Espiritismo 3. Joanna de Ângelis 4. Franco, Divaldo 5. Pereira, Nilson I. Rivas, Luis Hu II. Título CDD: 028.5

DIREITOS RESERVADOS: todos os direitos de reprodução, cópia, comunicação ao público e exploração econômica desta obra estão reservados, única e exclusivamente, para o Centro Espírita Caminho da Redenção. Proibida a sua reprodução parcial ou total, por qualquer meio, sem expressa autorização, nos termos da Lei 9.610/98.

Impresso no Brasil
Presita en Brazilo

Quando apareciam criancinhas menores, eles gostavam de ensinar o que sabiam. Mas quando viam algumas passando dificuldades, sentiam um forte aperto no coração, sem saber como ajudá-las.

Vamos encontrar boas atitudes para as crianças aprenderem?

Servir Auxiliar Doar Aconselhar Amar Perdoar Compreender

```
S R A H L E S N O C A
I O F I U D E S E O T
E S E P P O R I P M N
D U R E P P V G O P E
A M A R N I I D C R N
D T I D I S R D A E C
N O L O M R E A S E A
O D I A Z P R I A N E
B A X R I Z I V O D A
O V U E D A D E T E U
D O A R O N O A R R E
```

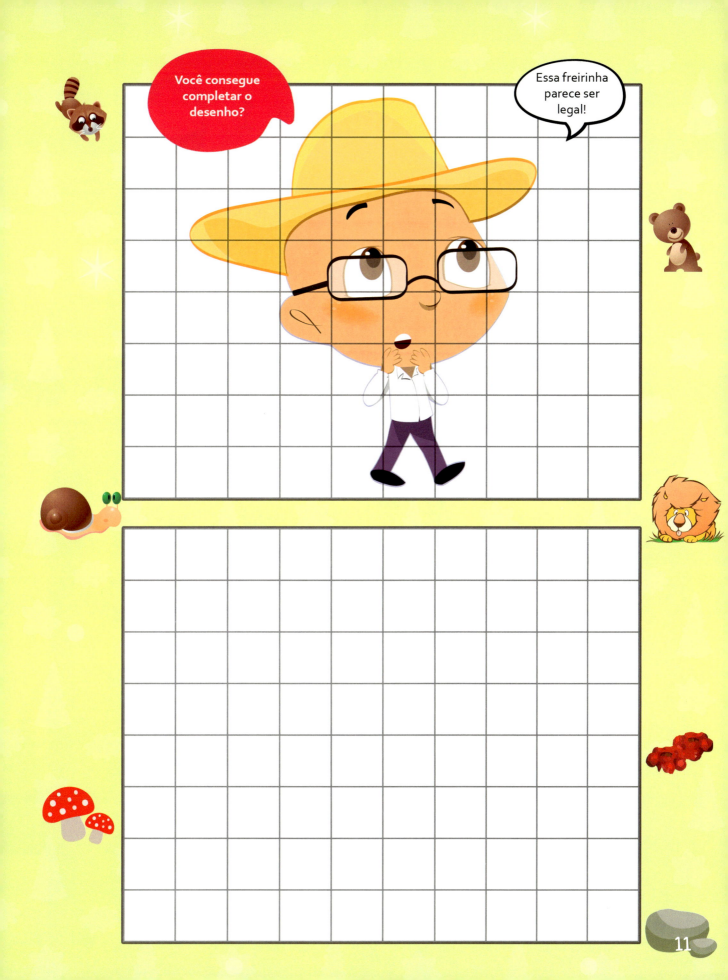

Historinha 2

Há muitos séculos, os cristãos eram levados à força para ser sacrificados no Coliseu romano, por seguirem o Evangelho de Jesus. Alguns eram até queimados.

Certa vez, no meio da areia, vimos uma mulher conversando com seu filho. O rapaz pedia a sua mãe para negar o Cristo e, assim, poderem ser salvos.

Descubra as 7 diferenças entre as imagens.

A mulher contou ao jovem que há muitos anos conheceu o Mestre Jesus e pediu para seguir-Lhe os passos.

— Joana, tu me amas? — perguntou Jesus.
— Sim, Mestre! — respondeu a mulher.
— Então, ama tua família e continua fiel até o fim — concluiu Jesus.

Por isso, a mulher não negou Jesus. E no meio do Coliseu, quando seu corpo estava sendo queimado, ela viu, com lágrimas nos olhos, duas mãos que lhe apareceram.

Era o próprio Mestre que a recebia no Mundo espiritual, parabenizando-a por ter sido fiel.

Quantas labaredas de fogo existem no desenho? Coloque o número no círculo.

Parabéns, Joana! Você foi fiel até o fim!

Quando a iluminada amiga espiritual terminou de contar as duas histórias que mostravam a importância da coragem e da fé, fechou o livro e despediu-se, dizendo:
— É importante não deixar para amanhã as coisas que podem ser feitas hoje, e lembrem-se sempre de manter firme a fé, acreditando nos seus sonhos.

Até uma próxima historinha.

Quantos livros existem no desenho? Coloque o número no círculo.

Obrigado!